통징시편

지성.감성의 메타언어
조선문학사시인선.1031

통징시편(痛懲詩篇)

박 진 환 제570집

조선문학사

■ 시인의 말

　풍시조(諷詩調)를 즐겨 쓰다 보면 풍시조의 시행인 3행으로는 드러내기가 어려운 시감들이 많이 있다. 이럴 때 감행하는 것이 시의 복수인 통징(痛懲)을 차용하게 된다.

　풍시조의 1행 25자 내외의 3행으론 축약, 형상으론 꾸며낼 수 없는 시감들은 풍자시로 재구성해 낸다.

　소이로 해서 시대적 부조리나 사회적 비리, 인간이 저지르는 부정·부패를 비롯한 악행들을 징벌하기 위해서 문화적 수단인 풍자를 시의 복수로 감행한다.

　시집 『통징시편(痛懲詩篇)』은 이런 경로로 얻어진 어떻게 보면 풍시조의 부산물이라 할 수 있고, 달리는 개선의 의도를 문화적으로 실천한 시의 복수라고도 할 수 있다.

　주지하다시피 통징은 악에 대한 징벌이자 엄벌이다. 그

때문에 온갖 악행을 에둘러 꾸짖어 선에 봉사하고자 하는 문화적 수단이 풍자시다. 풍자를 통한 시의 복수는 그래서 법이나 물리적 징벌이 아닌 문화적 징벌이 되게 된다.

『통징시편(痛懲詩篇)』은 이런 개선의 의도에서 씌어졌음을 밝히면서 시의 육성을 전하고 싶다.

2025년 중추
저자

통징시편(痛懲詩篇) 차례

시인의 말 / 5

제1부
왕왕(王王) 킹킹(king king)

코리아의 현상학 / 13
겁화(劫火) 안 될지 / 14
왕왕(王王) 킹킹(king king)·1 / 15
왕왕(王王) 킹킹(king king)·2 / 16
나고 나고 나고 절로 나고 / 18
그랬다 / 19
천형의 계절·1 / 20
천형의 계절·2 / 22
초동한담(初冬寒談) / 24
겨울비 / 25
H H / 26
반응 / 28
송홧가루 날리는 날에 / 30
발치(拔齒) / 32
진달래꽃 앞에 하고 / 34
제5계절 / 36
이의가 없음이다 / 38
잘 가시오 / 40
나는 사랑한다 / 41

중용지도(中庸之道) / 42
무위 계엄 / 44
비둘기 / 46
소리 / 47
구리(口痢) / 48
대선 관전기 / 50
선거 / 52
안분자족(安分自足) / 54
앰뷸런스 악악대는 악음 / 56
소이(所以)다 / 58

제2부
시로 쓴 단상

시로 쓴 단상·1 / 63
시로 쓴 단상·2 / 64
시로 쓴 단상·3 / 65
시로 쓴 단상·4 / 66
시로 쓴 단상·5 / 68
시로 쓴 단상·6 / 70
시로 쓴 단상·7 / 72
시로 쓴 단상·8 / 74
시로 쓴 단상·9 / 76
시로 쓴 단상·10 / 78

시로 쓴 단상 · 11 / 79
시로 쓴 단상 · 12 / 80
시로 쓴 단상 · 13 / 82
시로 쓴 단상 · 14 / 83
시로 쓴 단상 · 15 / 84
깜박증 / 85
앰뷸런스 / 86
열하일기 / 88
폭자 돌림시대 / 89
죄가 되는지 / 90
꼰대 지껄이 같기도 / 92
꼬대에서 깨어나라 / 94
일월정사 / 96
허언(虛言) / 98
가자 지구 / 100
홍제골 / 101

제3부
에끼

열옥살이 · 1 / 105
열옥살이 · 2 / 106
패권시대 / 108
변회가 없다면 / 110

있을 듯싶어서 / 112
에끼·1 / 114
에끼·2 / 116
어게인(again)·1 / 118
어게인(again)·2 / 120
더럽고 억울해서 / 121
파한(破閑) / 122
한가 / 124
폭염제(暴炎帝) / 126
매미 / 127
더위 먹은 헛소리 / 128
열옥일기·1 / 129
열옥일기·2 / 130
열옥일기·3 / 132
열옥일기·4 / 133
현실의 정치에서 배운다 / 134
고사(古事) / 136
코리아의 비가(悲歌) / 138
허사(虛辭) 아닐 듯 / 140
폭자시대(暴字屍毫) / 142
눈 뜨고 아응 / 144

제1부

왕왕(王王) 킹킹(king king)

코리아의 현상학

산불에 놀란 가슴
경기에 답답증앓이
탄핵의 찬·반 집회
헌재 침묵에 답답증앓이

답답증이란 게 숨이 막힐 지경이란 뜻
아니던가
왜? 숨이 막힐까
답답, 답답, 답답에도
답이 없으니까

답이 없는 시대
답이 없는 나라
답이 없는 현실
답이 없는 정치

답 대신 물음 있데
'저것도 나라가?'

코리아의 현상학

겁화(劫火) 안 될지

세상 거꾸로 돌아가는 판
탄핵도 거꾸로 돌리면 핵탄

탄핵을 원인으로 따져야할 것을
결과로 풀어 따지고자 하니 역시 역판

계엄 저질러 놓고 실패하자
'아무 일도 없었고, 일어나지 않았으니' 없었던 걸로

이 또한 거꾸로 판이니
순리에 역행한 셈

순리란 게 도리에 순종함이니
지극공도 좋음 아니던가

거꾸로 돌리다 탄핵 핵탄 돼 가슴 가슴으로
이어진 도화선 폭발하면 겁화(劫火) 안 될지

※ 지극공도(至極公道) : 지극히 공평하고 바른 도리.

왕왕(王王) 킹킹(king king) · 1

하늘은 낮은 소리도 듣는다던데
인간은 높은 말씀도 들을 줄 몰라서
다행인 것은 들을 줄은 몰라도
높은 소리 질러대기에는 도가 터서

무슨 그리 높은 소리가 있느냐고?
하늘보다 더 높이 보이는 게
왕왕 킹킹 밖에 없으니 그 소리뿐
하느님도 질려서 이 소리만은 귀 막아 버린

가만, 가만 있자
왕왕 킹킹이면 어디선가 많이 들어본
서로 물고 뜯고 피 흘리며 질러대는
이전투구장의 깽깽이 소리 아니던가

개 눈엔 똥만 보인다더니
왕왕 킹킹이 주어인 이전투구장
그걸 몰랐었구나
구린 줄만 알았더니

왕왕(王王) 킹킹(king king) · 2

정치판
내란 쿠데타에 야 탄핵 들이대자
여 정치 쿠데타라며 맞장
판 이 지경 두고 이전투구라고도
물고 물리며 짖어대는
왕왕(王王) 킹킹(king king)
정치란 게 궁극이 정상탈환전
'너 죽고 나 살자'여서

정치인의 궁극을 대통령이 되는 것이라데
대통령이 되기 위해
대통령을 만들기 위해
겨루는 맞장 뜨기 이석격석(以石擊石)
세상이 패권이란 힘으로 다스려지듯
나라도 권력이란 힘으로 뺐고 빼앗기기 마련
해서 힘자랑이 필수
물고 물리고 물려 피 흘리며 왕왕 킹킹

코리아의 정치판이 딱 그래
구경거리도 되고 비웃음거리도 되는

'저것도 나라'란 비아냥도 아랑곳 않고
정상을 차지하기 위해 싸우는 진흙밭 이전투구
왕왕 킹킹이 물고 물리며 내지르는
개 울부짖음 아니던가

나고 나고 나고 절로 나고

계엄이 초래한 처참함
나라살림 미 관세폭탄에
동퇴서비(東頹西圮) 못 면하고
국론은 탄핵 인용 · 기각으로 두 동강 나고
환율 · 물가고에 국민들 삶 FF 숨차하고
한치 앞도 내다볼 수 없는 정국은
으르렁으르렁 흰 이 드러내
서로 잡아먹을 기세이고
거리는 헛소리에 막혀 미로 못 면하고
하고 하고 하고 하고가 아이고도 아닌
절망 섞인 헛소리 · 잠꼬대 꿈대로
구리 구리 구린내 진동한 하이고 되고
이쯤 되면 절망으로 깐 막 판 아니던가
하여 하이고 절망의 한탄조 절로 나고

그랬다

화마는
봄을 구워 먹고 산을 구워 먹고
우리의 삶을 빨간 혓바닥으로 먹어버렸다

그것도 날것이 아닌
구워서 먹어버렸다
나무도 숲도 구워 먹어버렸다

뿐만이 아니었다
사람의 목숨도 마을도 닥치는대로
붉은 혀로 맛을 즐기며 먹어 치워버렸다

산 밖 외유를 나갔다 돌아온
산신령님은 구절 지팡이로 땅을 치며
망했다 망했다만 연발했다

망해버린 이 땅의
잿더미 정치가 이러한 듯싶었다
아니, 그러했다

천형의 계절·1

꽃의 계절 봄을 축복의 계절이 아닌
천형의 계절이니 문둥병의 계절이니 했더니
벌이라도 받은 것일까
눈·귀·코 동시다발 가려움증에
재채기·콧물이 괴롭힘을 준다

이비인후과 늙은 원장은 처방전이 더럽다
"그러러니 하고 사서"
고질병이니 병과 함께 참고 살란 뜻이다
에취 단번에 말값에 대한 알레르기 반응이다
"이런 젠장, 비염이 아니라 염비네"

꽃가루·먼지, 동물의 털같은 것들이
체내로 들어가 일으키는 과민반응 알레르기
원인을 훤히 알고도 완치가 없다니
진짜 천형은 문둥병이 아닌
알레르기비염이 아닐까 싶다

재채기는 상대에게 기피성 미안함을 끼치지만
정작 당사자에겐 자가치료의 방어기전이다

비강을 자극 콧물을 흘리게 해
알레르기 항원을 씻어 소독해 주는
치유를 담당하기 때문이다

꽃나무마다 터진 살갗이 흘리는 피
붉게 피는 꽃들을 문둥병 운운했더니
문둥병을 천벌이란 소이로
봄을 천형의 계절 했더니
진짜 천형의 계절은 꽃나무가 아닌
코앓이 비염이었던 것을 미처 몰랐었구나

천형의 계절·2

꽃 피고 새 우니 축복의 계절이라고요
그래 좋겠소, 축복의 계절 봄맞이해서

벚꽃 피었다 지며
개화로 한 번 피고 낙화로 또 한 번 피고

개나리 달기 심할수록
노란 하품 종소리로 봄이야 타종하고

산수유 망울망울 눈곱 뜯어내지 못한 채
춘곤증에 곯아떨어진 봄나절

꽃 앞에만 서면 재채기에 콧물에
눈 코 귀 가려움증에 발광 직전인 고질병

알레르기비염 저주라도 하듯
엠비엠비 에취에취 연발하는 알레르기 비염

허니 어찌 축복의 계절이라 허겠소
꽃가루가 천적돼 일으키느니 가려움증 발광을

해서 나름으로 봄을 천형의 계절이라 안 했겠소
문둥병이 천벌이고 꽃나무 살갗 터져 피 흘리니

어찌 문둥병에 안 걸렸다 허것소
소이 이러하니 천형의 계절이 봄 아니겠소

초동한담(初冬寒談)

무 뿌리가 깊고 길게 박히면
그해 겨울은 춥다는 속전이 있다
뽑힐 줄도 모르고 얼어 죽지 않기 위해
깊고 길게 뿌리박아 살아남기 위한 자구책

무뿐이겠는가
풀뿌리 민초도 매한가지
뿌리 깊은 단일민족이 겪어온
중동·엄동·삼동의 정치계절 그리 살았던 것을

사색당파의 조선시대는 물론
현대판 여야의 풀릴 줄 모르는 정치계절에
뽑히지 않고 살아남으려는
풀뿌리 민초들의 삶의 지혜도 다르지 않거니

지금까지
정치 풍향계로 분석해 본
무통신 기상예보였습니다
풀뿌리 민초여러분 겨울 잘 나십시오

겨울비

비도 겨울비를 점잖게 내리길
바랐다면 잘못이다
거칠기가 흡사 망나니 칼춤같다

멎었다 내렸다를 되풀이하고
바람에 휘둘렸다 풀렸다도
빗선으로 내리쳤다
좌우로 흔들었다
방정떨기를 상 상것들같이 한다
비뿐만이 아니다
날씨도 꾸무럭대다 반짝 햇볕으로 바뀌고
토라지듯 찡그린다
잠시 멎기를 기다리던 입도
상스럽긴 마찬가지 "지랄 떠네"를 뱉어낸다
그래도 비는 멎을 줄 모르고
심술·꼬라지·오기를 있는 대로 다
토해내듯 뿌려댄다
비 오는 날이면 젖던 가슴도 젖긴커녕
"지랄 떠네"를 비 뿌리듯
토해낸다

H H

며칠째 말미가 주어져
바깥출입 접었더니
그간 공원엔 진달래·라일락이
반기기도 전 눈·코·귀 동시다발 가려움증에
연발성 재채기
마스크를 썼는 데도 미세먼지가
침입했던 듯 콧물 소독 삼아 닦아냈다

H H
무슨 해피한 일이 있었냐고요?
아니면 희망 같은 거라도 있었냐고요?
아니었어, 침입한 먼지 닦아내는 자가치료였어

노송 그늘에 앉아 열심히
핸드폰으로 문자 공부를 하던 과객이
쩌렁한 에취에 놀라 쳐다봤다
함성이라도 지르는 줄 알았던 모양

연둣빛 그린으로 새 단장한 공원이
청정지역인 줄 알았더니 착각이었어

미세먼지, 송홧가루, 꽃가루 범벅인
H H 공해지대였어

반응

다투어 핀 꽃이 아름다운 건
순수의 자연성 지녔음이니
어찌 아름답다 하지 않겠는가

아름다움을 앞에 하고 느끼지 못하면
순수가 병들었음이니
어찌 아름답다 하겠는가

꽃 피는 계절
때 묻은 순수 닦아내지도 헹궈내지도 못한
화전(花戰) 아닌 화전(話戰) 일삼는 정치

어찌 탓하지 않겠는가
욱복(郁馥)이니 향원익청(香遠益淸)
맡지 못하고 콧방귀로 구린내만 풍기는

코뿐인가
입으로 배설하는 분뇨의 구린내는
머리의 항문이 입인 소이이지만

억울하다
꽃과 향 아름답고 향기로울수록
발광하듯 눈·코·귀 가려움증에 재채기 콧물

꽃 피는 봄이 아름다움이 아닌
천형(天刑)의 계절이어서
거꾸로 살아야 하는 형벌

더러운 세상 살아가면서 성하면 그게 큰병
눈·코·귀 동시다발 가려움증의
상한 시대의 성한 순수의 반응인 것을

송홧가루 날리는 날에

억수로 피어 있는 진달래
만개(滿開)라 했던가
유행가 가사 '백만 송이 천만 송이'
장미를 떠올리게 했다

이웃한 라일락은 가지 사이가 헐렁하고
볼품은 없었으나 코피를 터뜨릴 만한
단연 욱복(郁馥)은
진달래에 비할 바가 못 됐다

만개(滿開)의 진달래와
만개(萬個)의 꽃송이는
꽃으론 다르지 않은데 의미론 달랐다
유향과 무향이 다르듯

봄나들이 듯싶은 고속버스가 연이어 풀어놓는
승객은 조롱을 열어놓은 듯 재잘거림이
참새 떼 같기도 했고
게망태를 풀어놓은 듯 바글거렸다

꽃가루 때문인지 송홧가루 때문인지
알레르기 비염의 가려움증이
재채기 콧물과 함께
정신을 차릴 수 없게 했다

에취에취를 연발 재채기 콧물로 꽃가루
먼지를 닦아냈으나 멎을 틈새를 주지 않았고
발광 직전의 가려움증은 비염 대신
염비염비만 되풀이하며 코 탓만 했다

발치(拔齒)

치여호서(齒如瓠犀)
박씨같이 흰 이라 함이니
가지런한 이의 아름다움을 일컫는 말 아니던가

호박씨같이 넓적하게 엇박혀
누리끼하면 어떠랴
건강하게 오복 값하면 되는 것을

발치를 한다고 생각하니
매번 그랬던 것처럼 억울하다
쇳조각·콘크리트까지 깨물고도 끄떡없는

건치들의 식욕에 비해
가늘게 먹고 아끼며 먹었는데도
발치라니 남들 다 누린 오복 지니지 못했음이다

복까지야 분수 밖
통치가 더러워 깨물고 씹어댔더니
이가 상할 줄이야

억울하다
두동치활(頭童齒闊)의
꼴불견도 억울한데 또 발치라니

진달래꽃 앞에 하고

붉은 바윗가에
잡으온 손 암소 놓으시고
날 아니 부끄리시면
꽃을 꺾어 드리리다

옛날 먼 신라적
금강골 벼랑가에 살던 한 늙은이가
벼랑 위 진달래꽃 한 다발을 꺾어다 내밀며
신라의 여인네에게 건네던 수작이다

꽃의 의미를 알고 있었던 걸까
꽃의 순수를 사랑으로 읽을 줄 알았던 것일까
지금 공원엔 진달래꽃이 만개했다
저 꽃 앞에 하고 꽃과 사랑 읽고 간 이 몇이나 될까

가슴이 순수로 자장할 줄 알았던
지금은 무쇠가슴에 코일이 감겨 자장하는
인위의
가슴을 잃고 사는 시대

꽃 핀들 가슴 열겠으며 연단들
꽃다발 내밀 순수 지니고나 있을까
만개한 진달래꽃 앞에 하고
만 개의 꽃다발을 내밀어 본다

제5계절

제5계절은
무위의 계절이 아닌 인위의 계절이다
반은 개같은 놈들이 살고 있고
다른 반은 개만도 못한 놈들이 살고 있다
이전투구가 그러하고
왕왕(王王) 킹킹(king king) 짖어댐이
또한 그러하다

마음과 가슴에 지닌 덕목들
죄다 쓸모없다고 귀양 보내진 지 오래이고
대신 육덕(肉德)이
이타는 버려지고 이기가
신식 미덕이 되어버린
물신시대가 또한 그러하다
이 시대의 주어는 악이다

약육강식 동물적 본능에의 충실이 도덕이고
윤리이며 선이고 힘인
정신적 덕목에의 충실은 고전이고 낡은
시대의 유물이며 선의 신봉자는 바보가 되는

악과 타협할 줄 알고 봉사할 줄 알며
악에 편승할 줄도 아는 것이
삶의 지혜가 되어버린 육덕의 시대

제5계절의 법도는 지엄하고 외외탕탕
힘에 의해서만 다스려지고 유지되는
쳇병 창궐지대인 힘의 시대

건강의 척도는 상해야 하고
성함은 병들었음이 되는
열외 면하려면 부패하고 병들어야 살 수 있는
 제5계절의 시민증엔 악마의 초상이 직인으로 찍
혀 있다

이의가 없음이다

초인(超人)을 땅의 의미라 했던가
땅의 의미면 지상적
지상적이면 천상적 의미와는 대립 개념
풀이는 천상적 존재인 신이나 절대자
초월자에 대립되는
지상적 존재가 인간의 이미지 아니던가

지상적 인간이란 어떤 존재일까
천상적 존재와 대립 개념이니
영원성과 반대로 유한성
절대성과 반대로 보편성
초월성과 반대로 한계성
성이 셋이지만 성(聖) 아닌 성(性)

둘 다 천부성(天賦性)이니
타고 남은 같으나 됨됨이에 따라 다르듯
초인(超人)과 초인(樵人)이 다르듯
다르면서 같음이 같으면서 다름이 되는 소이는
초인(超人)도 초인(樵人)도 다같이
지상적 존재라는 사실

지상적 존재조건은 유한적 운명성
이를 극복하기 위해 유한과 운명을 넘어선 절대자
인간의 대립 대상으로 창조한 것이 신 아니던가

모든 신은 인간 안에 살고 있지만
모든 인간은 신 속에 살고 있다는
바라문 경전에 동의한다

신은 죽었다
나는 이 사실을 알리러 왔다
신은 이제 어디에도 없다
나는 새로운 신을 찾고 있다는
차라투스트라의
의지의 인간에도 동의한다

동의에 동의는 또
지상적 존재인
존재의 조건을 극복하고자 하는
우리들 자신이 차라투스트라이고
차라투스트라가 우리들 자신이란 것에도 동의한다
우리는 모두 차라투스트라다

잘 가시오

통치로 앓던 치통
어금니 하나를 뽑아버린
그런 시원함을 맛보게 한 발치감

우직과 고집과 몽니와 독선으로
덕치 외면한 도치부치(刀治斧治)며
시행령·거부권으로 베푸신 하치(下治)

씹기 즐기던 어금니
치통앓이로 통치 씹고 또 씹다
탈난 어금니 발치

잘 가시오 가서
복당살이마다 물리치지 마시고
더 깨우쳐 기둥 삼으면
그보다 더 큰 덕을 어디서 배우시겠소

나는 사랑한다

명성을 죽은 사람이 먹는
음식이라 했던가
그런 위 따로이 가지지 못했지만
가졌다손 쳐도 먹을 기회가 주어지지 않으니

없어 먹지 못함보다
먹음과 동시에 토해낼 줄 아는
비위난정의 상한 위를
나는 사랑한다

건위 지녔던들 사양했겠는가
젠체하는 창궐하는 쳇병시대를 살아가면서
체하지 않는 위를 지녔다면
어찌 게워낼 수나 있었겠는가

먹을 것과 먹어서는 안 되는 것을
가려낼 줄 아는 가슴보다
위의 변별력을
나는 사랑한다

중용지도(中庸之道)

늦은 봄
이른 더위
가고 오는 절후가
이러하다

조금 늦으면 어떻고
조금 빠르면 또 어떠랴
매사 앞뒤 있음이
무위의 법도 아니던가

서두르다 잘못되면
늦음만 못하고
늦다고 서두르다 잘못되면
빠름만 못함이 또한 이러하지 않던가

달리 과불급이던가
과유불급이라 했던가
지나침과 모자람은 악의 특색이고
중용은 덕의 특색이라 했던가

넘침도 문제 부족함도 문제면
넘치지도 부족함도 없는
중용지도가 최선
최선이란 게 덕과 다르지 않음이어서

치우침이 없는 법도 중용
중심을 유지함이
그중 어려운 것이
중용의 소이가 이러하다

무위 계엄

공원은 염제의 계엄군이 주둔한
임시수용 주둔지
거수들 초병 삼아 울타리치고
점령지를 관할하고 있다

열도의 위세로 봄을 밀어낸
여름의 진격
그늘 초소 삼아 계엄군이
조별로 초병으로 서 있다

총부리 대신 꼬나든 화저
계엄군은 검문·검색·통금 없이
임의로 드나드는
자유를 보장했다

인위의 계엄과는 차원을 달리한
무위 쿠데타
검거도, 탄핵도, 재판도 없이
하늘의 이치 법도 삼아 질서를 유지했다

천리(天理)를 좇음일 듯한
조용한 가운데 진행되는 자율성 질서
인위와는 근본을 달리한 무위의 법도로 천리역행
인위의 계엄 부당함을 무위에서 배워간다

비둘기

고향 안산의 비둘기들은
멀리서 인기척만 나도
놀라 푸드득 날아갔다
무위의 순수성이 퇴화하지 않았음이다

서울 독립공원 비둘기들은
설탕 기름 맛의 과자나 라면 부스러기 같은
인위에 입맛 들여 가까이 가도
도망은커녕 비켜서는 시늉만 한다

어찌 비둘기를 탓하랴
만물의 영장 인간 존재도 자연성 퇴화한 지 오래
개만도 못한 세상을 살아가고 있으니
보태 뭘 하겠는가

뿐인가 정치에 마취되면
'너 죽고 나 살자' 자객 연습만
연습뿐인가 피를 부르고 묻히기도
인위의 부끄러움을 비둘기에게서 배운다

소리

대선 선거판
말·말·말
말은 많고, 많아 둑 무너져 범람 차원인데

말씀은 없고
말다운 말도 없고
소리만 있을 뿐이다

소리 그 많은 소리도
한마디로 뭉뚱거리면
왕왕(王王) 킹킹(king king)

왕왕 킹킹
많이 들어본 소리 아니던가
이전투구란 걸 말해주는 말 아닌 소리

구리(口痢)

구리·구리·구리
선거판
부정선거가 더러워서
구리나
머리의 항문인 입
입으로 토해내는 말·말·말이 더러워서
구리나

정치대결
삽상한 바람 불러일으켜
구린 콧바람 씻어내고
새 바람 맞을까 했더니
웬걸
구리기가 구리(口痢) 못 면해서

작문정치(作文政治)도 더럽지만
도치부치(刀治斧治)도 더럽지만
거부권 시행령 정치도 더럽지만
더 더러운 건
작화정치(作譮政治)

입으로 배설한 정치가
어찌 구리지 않겠나
구리·구리·구리(口痢) 멍텅구리 정치

대선 관전기

대선판 관전평
비방전
유식하겐 읍견군폐
더 유식하게 negutive

비방을
자기에게 돌아오는 화살이라 했던가
비방자를 개의 철학자라 했던가
해선가
대선판의 비방전이
왕왕(王王) 킹킹(king king)
이전투구장 울부짖음 같아서
어느 시인의 시구(詩句) 허사 아닌 것 같다

비방의 혀를 칼이라 했던가
비방당한 자, 비방을 전하는 자
비방한 자신을 베어
피를 흘리게 하는

옛분들 이를 두고

구시상인부라 했던가
어찌 혀를 탓하겠는가
'너 죽고 나 살자' 정치판이 그러한 것을

※ 읍견군폐(邑犬群吠) : 고을의 개가 많이 모여 짖어댄다
　 함이니 소인들이 남을 비방함을 이르는 굴원(屈原)의 말.

선거

선거를 민주주의의 꽃이란 말
우리네 처지에선 허사같다
한표 한표가 보태져 꽃으로 핀 것은 사실이지만
꽃으로 피었다 질 뿐 결실다운
결실을 가져다주지는 못했기 때문이다

꽃을 즐기기는 눈요기로 충분했지만
민주 갈증을 풀어줄 자양의 실과는
여지껏 맛보지 못했다
번번이 맺지 못했고 맺었다 해도
독성을 지닌 빛깔뿐인 열매에 불과했다

어떤 이는 수종을 말하고
어떤 이는 박질의 풍토를 말하지만
동상이몽의 꿈꾸기를 좋아하는
편견과 갈라치기를 즐기는
백성들의 타성이 더 문제일 듯도 싶다

꽃의 아름다움만 즐길 줄 알고
사랑할 줄 모르는 근본의 허와

길들여진 이기의 육화
몸째 꽃이 될 수 없는 육화(肉化)의 불안시대
꽃의 결실로 답했으면 싶다

안분자족(安分自足)

안분자족(安分自足) 하면
건방 떠는 소리로 들릴 게 뻔하고
젠체하고 주제넘게 보여
미움 사기에 딱이다

따지고 보면 욕심 없이
분수에 만족함이니
미움 살 일이 아닌 되레
부러움을 살만한 선망일 수 있음 아니던가

탓할 일 아닌 것이
세상이 온통 제 잘난 맛에 사는
젠체하는 세상
비위난정 못 면한 소이 때문인 것을

스스로를 알고
알아 분수껏 살며
욕심 없이 분수 밖의 것 욕심 하지 않는
소박한 삶에의 자족을 어찌 미워할 수 있겠는가

가진체·잘난체·안체·높은체
젠체하는 놈들이 득세하고 사는 세상
세태가 그러한 걸 어찌 탓하겠는가
그러려니 하고 사는 것도 안분자족의 덕목 아닐지

앰뷸런스 악악대는 악음

DMZ 남북 확성기가 토해내는
굉음인지, 귀음인지, 헛소린지
잠꼬댄지, 꿈꼬댄지, 술꼬댄지
짐승 같은 소리 사라지자
'이젠 살 것 같다'는 안도의 한숨과
'잘 잤다'는 안정감까지
부디 숙면에 좋은 꿈꾸시고
꿈 실현돼 행복한 삶 되시길

시끄럽다, 무지무지 시끄럽다, 참, 정말로
삐뽀삐뽀로도 막힌 길 열어줘
질주하는 앰뷸런스
삐뽀에 '아이고 아이고 나 죽으러 간다'인지
'아이고 아이고 나 좀 살려줘'인지
삐뽀와 아아 으으가 뒤섞여 세우는
머리털이 일으키는 소름과 경기 차원의
저주같은 반응

시도 때도 없이 질러대는
그것도 무슨 특권인 양 위세 떨며

명령조의 재촉형에 위협형 악음까지
 좀 더 부드럽고 친근하고 거부감 없는
 단조로우면서도 음악으로 들리는 그런 설득력 있는
 공유음은 없을까
 제발 혐오음으로 들리지 않게 악음 아닌
 선음으로 들을 수 있게 바꿀 순 없을까

소이(所以)다

눈[雪]은 그중 높은 곳에서
그중 낮은 곳으로 내려앉는다
하늘은 낮은 말은 듣는다 했던가
귀는 낮게 눈은 멀리 볼 수 있음이다
눈[雪]과 눈[眼]이 다르면서 같음인 소이다

하늘의 이치완 달리 인간의 눈은
멀리 있는 것 볼 줄 모르고
가까이 있는 것에만 익숙하다
따로 눈을 가지지 못했음이니
심안부재에 육안뿐인 소이다

보지 않고도 볼 수 있음과
듣지 않고도 들을 수 있음은
오관(五官)을 넘어선 곳에서도
보고 들을 수 있는
초월의 눈과 귀를 가졌음의 소이다

 눈 뜨고도 보지 못하고, 귀 열고도 듣지 못하는
시대

들리느니 헛소리·잠꼬대·꿈꼬대에 술꼬대까지
뿐이던가, 왕왕대는 왕왕(王王)에
낑낑대는 king king까지
귀 둘임이 벌스러운 소이다

제2부
시로 쓴 단상

시로 쓴 단상·1

잉크는 물보다 강하고
피는 잉크보다 강하다

요즘 시를 두고
잉크에 물을 타 쓴다 했던가

피로 써도 호소력 지닐까 말까 한 시
잉크에 물을 타 썼으면 어찌 시라 하겠는가

해서 하는 말 '시가 시시하다'
시·시·시에도 시가 없으니 동의한다

시로 쓴 단상 · 2

돌에 시를 새겨놓고
시비라고 자랑들 한다

시에 혼이 들어 있어야
시비에도 피가 도는 법

잉크에 물 타 쓴 시에도 피가 돌아
돌의 생애를 살아있게 하던가

그런 시비 있다면
술 한 잔 올려놓고 벗하고 싶구나

벗하며
영원히 생명하는 그리움이고 싶구나

시로 쓴 단상 · 3

시란 것이
쓰는 법 모르면 타성으로 쓰기 마련
남이 쓴 대로 따라 씀이니 창조인들
이루어지겠는가

본 대로, 느낀 대로, 생각한 대로
지금껏 써왔던 대로 쓰면
그게 곧 시
정확하게는 시법 없이 쓴 타성의 시

그것도 시라고 끙끙대며
지웠다 쓰고 썼다 지우고
잘 썼느니 못 썼느니 고개도 갸우뚱 해보고
시법 없이 쓴 시가 다 그래

시법으로 쓴 시는 달라
어떻게 쓰고, 어떻게 써야 더 잘 쓰고 잘 써
감동을 체험하게 할 것인가를 답해주기 때문
보고 쓰던 쓰나마나 답인들 필요하겠는가

시로 쓴 단상·4

아끼는 제자란 년이
시 좀 끊었다 쓰시라 한다
다작에 불만이거나
시원찮은 시에 대한 불평이리라

헌데 모르시는 말씀
우물도 고이면 썩는 법
자주 퍼내야 새로운 물이 솟아오르듯
시도 이치가 같음이다

떠오르는 착상
그때그때 퍼내지 않으면
고이기 마련이고
고이면 선도를 잃기 마련이다

시란 게 감각 상호간의 호소력이어서
때를 놓치면 호소력 단절되거나
달아나버려 다시 붙들지 못할 수도
소이로 그때그때 형상으로 재구성해야

시 쓰는 일을 절망연습이라고 해본다
절망해 내려앉을수록
상대적으로 올라가는 것도 있다
업 되는 시의 위상이 그러하다

쉬임없이 부지런을 떨어도 잘 쓸까 말까 한 시
잠정적 휴식기 갖는다고 새로운 시 쓸 수 있을까
쓰는 과정과 과정으로 마디하고
컷과 컷으로 엮여져 재구성되는 것이 시인 것을

시로 쓴 단상·5

정서유희
관념유희 헹가래 쳐 진열해 놓고
천하 걸작이나 쓴 것처럼
우쭐대고 자랑하고 싶어하는 꼴 보면
가관

꼴만 가관이면 그나마 양반
제 시에 취해 흥분까지
흥분까지면 그 또한 양반
목청 높여 늪어대는 꼴 보면
가관에 가관

왕초보일수록 광내고 싶어함
옛 나 생각나게 하지만
제 잘난 맛에 붕 떠버린
저 바람기 뽑아버리려면 세월깨나 걸릴 듯
저러다 젠체하는 체병쟁이나 안 될지

법 모르면 주먹 먼저 내밀 듯
시법 모르니 겁인들 있겠으며

고삐 풀린 야생마처럼 날뛸 수밖에
조련사 눈엔 설어도 저리 설 수가

시로 쓴 단상 · 6

잉크에 물 타 써놓고도 자랑스러워한 꼴이나
무엇을 썼는 줄도 모르면서 우쭐해한 꼴이나
꼴값 떨긴 매한가지다

피로 쓴 시로도 부끄럼 못 면해
피보다 붉은 얼굴하거나
얼굴해 부끄럼을 아는 시인

어떻게 다르냐고?
답은 시인 아닌 시의 몫
시의 빛깔이 대신 답해준다

어떤 빛깔이냐고?
순백이거나 순적
아니면 페인트를 마구 처바른 얼룩

채색은 빛깔이 아닌 빛이다
반짝반짝 지적 순발력만이 방출할 수 있는
지적 광체

피로 쓴 시에서는 색과 빛이 하나가 되고
잉크에 물 타 쓴 시에서는 얼룩으로 번져
있던 빛도 지워져 어둠이 된다

시로 쓴 단상 · 7

시법(詩法) 했더니
시에 무슨 법이 있느냐고 되레 물었다
시에도 법이 있다
영구불변의 규칙이나 틀이 아닌
깨어지기 위해서 제시된 법이 있다

룰이 아닌 공식이 아닌 제도도 등식도 아닌
이것들을 깨트림으로써 새로운
방법이 되는 것이 시법이다
매시대마다 그 시대가 요구하는 바를 담아내는
용기(容器)로서의 법이 시법이다

현대시법을 대표하는
낯설게 쓰기나 변용·변형 같은 것
친숙한 것에서는 체험할 수 없는
비친숙성의 것으로 개조, 의도적이고도 기도된
제작술로서의 시법이
낯설게 쓰기다

용어대로라면 현대적기획(現代的企劃)이다

기존·기성의 것을 의도적으로 변용·변형
새롭게 태어나게 하고, 태어나 창조에 값하게 하는
현대적 기술이 현대적기획이다
기도되고 의도된 기술로 구사하는 시법

따지자면 자동전달되는 친숙성을
의도적으로 차단, 비친숙성의 것으로
개조함으로써 변용·변형에 기여하는 것이
현대시법이고 소이로 현대시법은
천성에의 반역을 통한 기술에의 봉사가 된다

결론은 시법은 기술이란 뜻이다
기술은 기존·기성에의 반역이고
반역을 통한 새로움에의 봉사다
이 새로움에의 신앙과 봉사가
현대시의 시법이다

시로 쓴 단상 · 8

시골 할머님들이 한글을 깨우치자
내친김에 시를 써서
합동 시집을 냈다고 한다
어찌 축하할 일이 아니겠는가마는
나는 실망했다

시를 쓰고 써서 시집으로 엮는 건 자유다
허나 그 자유 속엔 시가 돼야한다는
조건이 들어있다
과연 시의 조건을 충족했을까
아니었다고 본다

시가 행과 연으로 시적 형태를 갖췄다고
다 시가 되는 것은 아니다
시 속에 아름다움이 있고 순수가 있다고 해서
다 시가 되는 것도 아니다
아름다움과 순수를 넘어선 곳에서 체험하는 감동

그게 없으면 시이면서 시가 아니다
시 아닌 시로 시집을 엮는다, 아니라고 본다

시적 형태만 갖춘 외양만으론
시가 될 수 없음이기 때문이다
시에 절망하고, 시의 인식에 또 한 번 절망한다

시로 쓴 단상 · 9

시집마다 끝을 장식한
해설·평설이 더 잘 읽힌단다
해설은 시를 풀이한 글이고
평설은 평가를 곁들인 글쯤이 된다

시답지 않은 시에
그럴듯하게 곁들인 설명이
더 가관이다
한마디로 헛소리가 더 많다

허긴 세상이 헛소리에, 잠꼬대
꿈꼬대·술꼬대까지 즐기는 판이니
시라고 별 수 있겠으며
시에 곁들인 글이라고 별 수 있겠는가

F. 자양가아는
시인만이 거짓말을 하는 특권을 갖고 있다 했고
프리뉴스 2세는
시는 거짓말하는 특권을 가진다 했던가

거짓말이란 게
참말로는 할 수 없는
참말에서는 감동을 체험할 수 없는
참말보다 신선한 충격을 주는 말 아니던가

그래선가 거짓말 즐겨하는 소이가
시와 시인의 특권인 거짓말
잘하면 최고의 시, 최고의 시인이 되는
시의 특권 아닌 지적조작의 광원이 거짓말인 것을

시로 쓴 단상 · 10

시는 정서유희다
전에는 그랬다
시는 관념유희다
지금도 그런 사람이 있다
시는 체험의 산물이다
모더니스트들에겐 정답이다
시는 낯설게 쓰기다
시를 아는 사람들은 그렇게 쓴다
시는 지적조작이다
시는 현대적기획이다
시를 기술로 쓰는 이에게는 정답이다

시 쓰기엔 정답이 없다
주어진 매 시대마다 그 시대가
드러내주기를 요구하는 용기(容器)일 뿐이다
용기는 시법이다
시법에 정답이 없는 소이다

시로 쓴 단상 · 11

시법 없이 타성으로 시를 쓰는
시인들은 행복하다
최선이 만족의 조건이니 조건에의 충실로
만족을 체험할 수 있기 때문이다

시법을 알고 시법으로 시를 쓰는 시인들은
더 행복하다
어떻게 써야 하는지를 알고 시법에의
충실로 만족을 체험할 수 있기 때문이다

두 만족 사이에는 만족으로는 메울 수 없는
괴리가 가로질러져 있다
조건에의 충실은 만족 아닌 무지에의 만족이고
시법에의 충실은 지적 만족을 체험케 하기 때문

타성으로 시를 쓰는 시인들의 불행은
시법도 모르면서 안체함이고
시법으로 시를 쓰는 시인들의 행복은 모른 체 해도
시의 높이에 시가 닿아있음을 알기 때문이다

시로 쓴 단상 · 12

사무사(思無邪), 풀이하면
마음에 조금도 나쁜 일을 생각함이 없단 뜻이다
바꾸어 풀이하면
오직 바른 마음, 정직한 마음 순수함만 지닌
사(邪)됨이 없는 마음이란 뜻이 된다

공자의 말이라고? 아니다
공자가 시 정신을 가르치면서
노송(老松)의 경마(駉馬)란 시구에서
빌어다 쓴 말이다
소이로 공자의 시관을 피력한 것이 된다

마음하고 생각함에 사(邪)가 없다 함은
부정·간사·악한 마음이 없다 함이고
오직 바르고 정직하고 때 묻지 않은 마음이란 뜻
이다
 소이로 사무사는
 최상 최고의 잡것이 끼이지 않은 순수가 되게 된다

 현대시라고 다르겠는가

시의 바탕은 사무사다, 다만
사무사를 드러냄에는 지적조작으로서의
현대적기획에 의존된다, 이를 알면
시를 쓰는 것이고 모르면 마음을 쓰는 것이 된다

시로 쓴 단상 · 13

고백컨대 내 시는 수필이다
홍매(洪邁)가 말했듯이
떠오르는 시적 발상을 그때그때 기록하는
수즉기록(隨卽記錄)의 산물이었기 때문이다

다만 여기에 컨시트를 동원
지적조작에 의존하고
의도적 제작술인 현대적기획(現代的企劃)에
충실하고자 했을 뿐이다

소이로 잘 쓰고 못 쓰고는 다음이고
의도적 제작이나 기도된 제작술을
먼저 내세우고자 했고
그랬을 때만 존재가치를 부여했다

내 시에 정서보다 감각을
감각보다 위트를
위트의 이동이나 전환의 순발력을 더 중시
지적 광체이고자 한 것은 이 때문이었다

시로 쓴 단상 · 14

뜻을 좇았건, 대상을 좇았건
떠오르는 생각을 그때그때 좇아 썼으니
수필을 쓰듯 썼음이 된다

그렇기는 해도 드러냄의 방법은 달리했다
변용·변형을 즐겨 낯설게 드러내고자 했고
지적 순발력을 발휘 번쩍이는 광채이고자 했다

천성을 좇아 드러내지 않고
의도되고 기도된 바를 좇아
제작하듯이 재구성하기를 마다하지 않았다

소이로 해서 내 시는
그때그때 부지런을 떠는 것으론 수필쓰기였고
의도적 제작술에 의존했던 것은 시 쓰기가 된다

수필로 보건 시로 읽건 그건 순전히 독자의 몫이다
수필로 읽어줘도 좋고 시로 읽어주면 더 좋고
읽어주지 않아도 좋다, 사유이기 때문이다

시로 쓴 단상·15

시시하다
시시하니까 시라고 했지
위대했던들 시라고 했겠나

물론 내 시도 시시하다
시다운 시도 있어
시시하단 말 면한 시도 있던가

내 시가 시시하다면
네 시는 시시하다 못해
시시(屍詩) 자체다

깜박증

위와 장에 담아
삼겹살 살찐 비계로 포장하고
내의, 겉옷으론 부족해
외투까지 걸쳐
그중 가장 깊은 곳에 은닉한 게 있다

황금빛 빛깔에
이름은 분(糞)
분(粉)과는 달리
내는 동취
꿈에 만지면 횡재(橫財)한다는

무식하겐 뒷간
유식하겐 화장실
유식 때문일까 소등할 줄 모르는 깜박증
탓하지 마시게나, 그 귀한 황금 같은 것을
훔쳐 가면 어쩌려고 불을 끄나 켜 지켜야지

앰뷸런스

여가 있어
조용히 명상에라도 들었으면 싶은데
때맞춰 악악 토해내며 이마를
짓이기고 가는 앰뷸런스 소음+굉음+귀음
그것도 어쩌다가가 아닌
꼬리에 꼬리 물고 연속으로 지나가는

삐뽀삐뽀로도 알아듣고 비켜주는 인심인데
무슨 뜻인지 곁들인 아아 으으 으으으까지
'실려가며 아이고 나 죽는다'는 소린지
싣고 가며 '비켜 비키라'고 내지른 소린지
아무 뜻도 없이 질러대는 경적인지
듣기에 따라선 저주음 같다

질러대는 악음 귀 멍멍에
'저런 ○병할'에 '씨○'까지
바가지로 욕 퍼내게 하는
악악악에 으으으에 아으아으까지
귀 둘 달린 게 되레 저주스런
저주음

사회적으로 유용해야 할 봉사음이
봉사(奉仕)도 봉사(奉事)도 아닌
소리마저 눈이 멀어 이리 부딪치고 저리 부딪치며
피 흘리는 괴성을 질러대서야
목숨 구하기보다 되레
생목숨도 내놓으란 악음으로 들려서

열하일기

대로엔 석유 먹고 취한
갑충들이 열을 토해내며 질주하고
플라타너스·압각수로 그늘 드리운 보도엔
더위 먹고 헐떡이는 길손들이 지나가는
목하 도시는 열독을 쏟아 붓는 땡볕에
열옥 못 면한 열사지대다

공원은 무상으로 그늘을 제공하는
선목유음(善木有陰)의 휴식공간
나리꽃도 몇 송이 피어
길손 맞아주는 쉼터
동행했던 노독과 마주앉아
땀의 한때를 쉬어가는 파라다이스

삶이란 포승줄에 묶여 영어의
복당살이를 해야 하는 유형지
연옥은 구식, 초·중·만하의 경계로 울타리 친
신식으론 연옥·열옥·화옥의 삼옥지대
깊이 모를 심해 고해의 열도(熱燾)에 갇힌
염제의 열하가 이러하다

폭자 돌림시대

세상 돌아가는 꼴이
폭(暴)자 돌림시대다

폭서가 그러하고
폭우가 그러하고
미국의 패권 관세 폭탄이 그러하고
이스라엘 미사일
러시아의 드론 폭격이 또한 그러하다

뿐인가
폭객(暴客)에 폭거·폭군·폭도에
폭력·폭언·폭정까지
오죽했으면 산정에서 지켜보던 뻐꾸기
종일 폭정 폭정 외쳐댔겠는가

폭폭 찌는 더위에 폭폭 터지는 열독에
목하 지구촌은 열옥(熱獄)의 폭자 돌림지대다

죄가 되는지

비풍참우(悲風慘雨)면
인생, 생활이 비참함을 일컬음 아니던가
비참이면 차마 눈 뜨고 볼 수 없는
처참함이니
폭우에 무너져버린 수해지구의 삶이
그러할 듯싶어서

수마 앞에 하고 무기력할 수밖에
없었을 참담함
무위에 의해 무너져버린 인위의
어찌할 수 없었을 처참함
탓할 수도 원망할 수도 없어
체념할 수밖에 없는

희망도 꿈도 허사가 되어버린 절망
일으켜 세울 의지도, 제혜도, 용기마저도
상실해 버린 비풍참우 앞에 하고
운수도, 탄식할 수도, 원망할 수도 없는
체념도 인위지덕이라 할 수 있을까

화마·수마 하나로도 절망인데
둘 겹치기면 천형(天刑)
지은 죄 많아 하늘로부터 벌 받음이 아니던가
하늘 우러러보고 땅 굽어봐도 부끄러움이 없는
앙천부지(仰天府地)
나라님 믿고 사는 순박함도 죄가 되는지?

꼰대 지껄이 같기도

잠꼬대
꿈꼬대는
잠자다 하는 헛소리
꿈꾸다 하는 헛소리로
꼬대란 헛소리를 두고 한 말이다

요즘 꼬대가 몇 가지 더 늘었다
술꼬대와 열꼬대
풀이하면 술 처먹고 떠벌이는 헛소리를
술꼬대
더위 먹고 내지르는 헛소리를 열꼬대

곱게 자고
고운 꿈 꾸고
즐겨 한 잔 걸치면 안빈낙도 아니던가
뭐가 그리 불만이어서 솔구이발(率口而發)
헛소리는 내지르는지

옥중 메시지란 게 나온 모양이던데
극우 결집을 노린, 듣기에 따라서는

잠꼬대, 꿈꼬대, 술꼬대도 되고
더위 먹으면 해대는 빈소리
열꼬대로도 들려 꼬대가 꼰대 지껄이 같기도

꼬대에서 깨어나라

매미소리가 너무 커서일까
뻐꾸기 소리에 물려 쫓겨난 때문일까
왕왕 소리 높고, 폭군폭군 찍어대는 소리도 높고
목하 소리마다 확성기 소리에 물려
따갑게 토해지는데

왜 이래? 왜 점점 작게 들리는 걸까
왜 자꾸 점점 멀어지는 걸까
밤마다 꿈속에서도 울려퍼지던 소리가
왜 이리 희미하게 들리는 걸까
'윤석열 어게인'

소리는 똑같은데 듣는 귀들이 달라졌어
영어를 우리식으로 풀어 듣거든
'윤석열 어게인'이 윤석열 부활이 아니고
'윤석열 재구속' 촉구형으로
탓하지 마시게나, 시절이 바뀐 것을

잠꼬대·꿈꼬대 헛소리
술꼬대·열꼬대로 헛소리에 헛소리 겹치기 되고

겹치기 되어 확성기로 들려오는 말
'잠깨라', '꿈깨라', '술깨라'
'열독에서 깨어나라'에 이어 꼰대에서 깨어나라

일월정사

사무실과 마주보고 있는 이웃이
일월정사다
끝에 절 사(寺)를 붙인 걸로 보면 절간도 같고
꽹과리 치고 요령 흔들며 굿판 벌인 걸 보면 무당도 같고
점도 치고 사주팔자도 보는 걸 보면
주역선생 같기도 하다

문제는 점괘야 어떻건 관심 밖이고
굿으로 혼 달랬는지 복을 빌었는지도
사주고 인연이고도 맺게 했는지
관심 밖이다
단 하나, 작은 애완견 한 마리를 기르고 있는데
나만 보면 짖어댄다

점집 마나님 왈
"짖지마, 도둑보고만 짖는 거야"
내가 도둑은 아니란 뜻이렷다
틀렷다, 나는 속이 시커먼 도둑이다
이리 점괘가 틀려서야 꽹과리치고 흔드는 요령

다 부질 없는 허사같기만 하다
빈 수레가 더 요란타 했던가
진실일수록 낮은 말씀으로
말한다 했던가
시끄러워서

허언(虛言)

한발 한발(旱魃) 내딛는
땡볕 열옥행 유형 못 면하고
폭폭 찌는 열독 뿜는 화차는 칙칙폭폭
유형길 재촉하고
목하 지구촌은 삼계(三界)에도 없는 열옥

지옥에서 열옥으로 이송된 죄인들은
뻐꾸기의 선창 폭군폭군 구호에 맞춰
염제의 포로가 되어 끌려가고
끌려가는 열사엔
능구렁이들이 길로 누워 있다

지구촌은 관세 폭탄에 비틀거리고
가자 지구는 가자 지옥이 되어
죽음의 계곡으로 누워 있고
러·우크라 전선에선
시체 썩는 냄새로 뒤덮인 공동묘지가 되어 있다

하느님도 포기해 버린 지구촌은
구원이 먼 원시에의 향수가 되어버린

혼돈에 혼돈을 거듭하는 카오스
오아시스라 했던가
구원은 신이 버린 허언이다

가자 지구

가자 지구는
가자 지옥
기아로 죽어가는 아기들
구세주 자처한 패권의 손엔
구원 아닌 피가 묻어 있다

악마촌 가자 지옥은
기아로 죽어간 아가들의 공동묘지
피 묻은 악마의 손엔 총칼이 쥐어져 있다
천사는 어디에 있는가
신은 어디에 있으며 구원은 어디에 있는가

저주의 땅 가자 지옥
악마들에 의해 죽어가는 굶주림의
기아가 아가들의 무덤이 돼버린
구원의 신은 어디에 있는가
매일 기아로 죽어가는 아가는 악마들의 희생양

홍제골

무악재를 넘어서면
오른쪽으론 인왕산
왼쪽으론 안산을 끼고
홍제골이 길게 뻗어 있다

지금은 APT도 들어서고 상가도 어우러져
문명티를 내고 있지만
수년 전만 해도 산골짝엔 우거들이 모여사는
뒤처진 동네였다

특히 무당집이 많다
교회도 한 블록에 한두 개씩 참 많다
무당·교회가 많은 걸로 미루어 구원받아야 할
계층들이 많이 살고 있는 모양이다

과연 점집에선 행운 점괘 있어
길흉 점지해 줄까
교회에선 구원의 통로라도 열어주는 것일까
어찌해서 ???만 찍히는시 답이 ???같아서

제3부

에끼

열옥살이·1

칙칙폭폭
오늘도 열독을 화통으로 뿜어내며
열옥행 완행열차가 달려간다

이 천형의 계절에
죄의 유무는 아무런 의미가 없다
우린 지금 열옥행 열차 실려 유형 중이란 것뿐

도치부치는(刀治斧治)의 지옥
정치터널 지나면 단풍맞이 가을이려니 했더니
무슨 죄를 지었다고 연옥보다 지독한 열옥살이

한반도는 지금 열독에 지쳐 나자빠진 염병앓이
열옥에 창궐한 돌림병이 염병 아니던가
코로나보다 더 무서운 역병지대
한 사람이면 됐지, 무슨 죄로 집단 열옥살이인지

열옥살이 · 2

연일 체온과 나란히 키재기를 하던
열옥의 혹서에
마를 줄 모르고 범람했던 가슴의 샘물
그리움도 바닥을 드러냈다

한발(旱魃) 한발
팍팍하게 내딛던 고달픈 열옥행 유형의 길
열사의 길은 능구렁이로 드러누워
지옥이 따로 없었다

가슴을 적시며 마를 줄 모르던
낙원에의 영주권도
유효기간이 다가온 듯
한발 한발 발길질에 차여 나가 떨어졌다

열독에 감염된 땀에 젖은 육신은
불덩이를 삼킨 화차처럼 열을 뿜어댔고
혼미에 어지럼증을 못 면한 정신은
탈선한 화차처럼 나자빠졌다

독약처럼 먹어야 했던 더위의
번진 열독에 염병앓이를 해야 했다
하루하루가 밟는 화형둔주곡의 열계(熱階)
연옥보다 한 수 위인 열옥살이가 이러했다

패권시대

말이 타협이고 협상이지
트럼프 즐기는 관세놀음이
트럼프 이름값 하느라고 즐기는
트럼프 카드놀이 같아서

굽실거리면 관세율 낮췄다가
맞불 대응이면 최대한 끌어올려
힘으로 짓누르는 걸 보면
타협 아닌 타박, 협상 아닌 협박 같아서

말이여, 소리여
협상 테이블 마련해 놓고
"있는 것 다 가져오라"
그도 부족하면 더 많이 가져오라 명령조

뿐이면 양반
옛 왕조들 조공사신단 보내듯
국내 재벌들 우르르 미로 몰려가는 것 보면
조공사절단 파견같기도

부러운 것도 있데
브라질의 룰라인지 노라인지
놀라지 말라인지 no라인지
미 협박에 당당히 맞선 룰라 대통령

그쯤은 돼야
힘 앞에 숙이고 꿇고 벌벌 기는
힘에 의한 힘의 질서
패권시대의 패권놀음이 거지같아서

변화가 없다면

열독이니 열옥이니
더위에 대한 저주차원의 혹서 운운

봄에 꽃이 피지 않고
가을에 단풍이나 낙엽이
겨울에 눈이 내리지 않는다고 생각해 보라

계절의 변화가 없는 무미함에 질려
삶의 의미 또한 질리지 않겠는가

계절이 없고
한번 핀 꽃은 영원하고
삶과 죽음이 없는 영생만 있다고 치자

그런 초절계가 있다면
얼마나 지루하고 질릴까

꽃에 향기가 없고 표정과
빛깔만 있다면
한번 피면 영원히 지지 않는다고 생각해 보라

어찌 질리지 않겠는가
삶에 변화가 없다면 그 또한 질림인 것을

있을 듯싶어서

폭염과 폭우
재앙일시 분명하지만
자연의 질서나 조화로써 보면
이리 잘 맞는 궁합도 없을 듯

하늘의 이치란 게
인(凶)하고 결(結)하며
의(依)함으로 잇대어 있음이니
삼위일체가 자연의 법도 아니던가

인간에게도 도리가 있고
질서가 있기 마련
가정의 위계가 그러하고
부창부수의 법도가 또한 그러하지 않던가

천지조화의 어약연비(魚躍鳶飛)가
하늘과 땅 사이에 존재하는 모든 것을
창조한 신의 역할이
또한 그러한 것을

폭염·폭우를 연미지액(燃眉之厄)으로 알고
하늘 탓할 일 아닌 것이
자연의 법도나 질서를 외면하고 역행한
방자한 인간 탓일 수도 있을 듯싶어서

에끼 · 1

마음에 마땅치 않거나
않아 나무랄 때 쓰는 말이 있다
에끼

요즘 세간에 에끼란 말이
유행어처럼 떠돈다
에끼 이 못난 사람, 에끼 이 고얀놈

누가 그리 못마땅하냐고?
의연하지도, 당당하지도, 떳떳하지도 못한
속옷바람에 자빠져 버티는 그분밖에 더 있겠나

그런 주제에
정치 욕망 충족하려고 셀프쿠데타라니
에끼

에끼 뒤에 이음말이 가관이데
에끼 못난 사람, 에끼 소인배, 에끼 바보
에끼 무식한, 에끼 덕과 담을 쌓은 사람

더 없냐고?
쯧쯧쯧 혀를 차며 설레설레 고갯짓에
만사무석(萬死無惜)까지

에끼 · 2

검찰총장에
대통령까지 한 통치자가
구속영장을 필사적으로 거부
법을 저리 모독하고, 국민을 무시해서야
에끼

도치부치(刀治斧治)로 안 통하자
셀프쿠데타까지 감행
실패하자 저리 오기, 꼬라지에
체면까지 구기고 법꾸라지 못 면해서야
에끼

뿐인가, 당당하고 의연하고 대인답게
법을 존중하고 법에 따라야
헌데 속옷바람이며 의자에 기대
법 집행 필사적으로 저항하다니
에끼

외신들 그대로 뉴스로 송출한 모양이던데
나라 체면에 이리 먹칠해서야

그것도 부창부수라고 안팎으로
지켜보며 국민들 던지는 한마디가
에끼어서

어게인(again) · 1

어게인
다시 또 한번이란 뜻으로 쓰이는
노랑말
보도블럭에 껌딱지처럼 달라붙어서
흉물스럽기도 한

뿐인가 되풀이할수록
리듬으로 연계되는 게 아니라
소음으로 혐오스럽기도
그래도 당사자들은 복음으로 들리는
어게인

어게인 한번 외칠 때마다
기가 살아나고 귀가 열려 신명에 값하는
어느 분
어게인 또 한번에 죄 하나 더 늘어나고
하나 더에 복당살이 더 길어진다는 것도 아실까

잠결에도 꿈결에도
비몽사몽간에 들려오는 어게인이

잠꼬대, 꿈꼬대, 술꼬대 같은
헛소리란 것도 알고 있을까
어게인이 생사람 잡는 헛소리란 걸 언제쯤 알지

어게인(again) · 2

외칠 때마다
열독으로 번져 열옥살이 재촉하는
어게인(again)
당신들은 복음으로 알고 외칠지 모르지만
외칠 때마다 경기 못 면하는
혐오음

아시나요
한번 외칠 때마다 그분의 죄가
하나씩 더 늘어난다는 것을
모르시나요
한번 더 외칠 때마다
복당살이 늘어나 영어신세 못 면하는 것을

하도 딱해서 드리는 말씀이외다
어게인 어게인 재탕 삼탕 약발 떨어지고
되풀이할수록 그분의 죄만 키운다는 사실을
모르시나요
알았던들 어리석게 어게인 외쳤겠소만
모르는 것도 죄가 되는 것이 어게인이어서요

더럽고 억울해서

바보상자를 열자
제일 먼저 들려오는 것이
왕왕(王王) 킹킹(king king)
개짖는 소리였다
이전투구가 끝나지 않았음이거나
다시 시작됐음을 알림일 듯싶었다

이전투구란 게
서로 물고 물리는 개판
시쳇말로 깽깽이판
유식하게 왕왕 킹킹이지
생음 그대로면
멍멍, 깽깽, 낑낑이 아니던가

해서 하는 말
점잖지는 못해도 틀린 말 아닌 것이
개판이니, 개같다느니, 개만도 못하다느니
정치판 싸움에 싸잡혀
개만도 못한 도매값 취급이
더럽고 억울해서

파한(破閑)

심심하다
파한(破閑) 삼아 숫자놀이나 해볼까 한다
투전(鬪牋)놀이에 지어땡이란 게 있다
5장씩 화투장을 나눠주어 3장으론 무대를 짓고
남은 2장의 끗수로 승패를 가르는 투전놀이다

여사에서 씨로, 씨에서 수인번호
4389로 폭망한 분이 있다
4389는 389로 무대가 되고 남은 4로
네 끗이 되는데
4가 광도 아니고 갑오도 아닌 흉수다

엽전들이 기피하는 숫자가 4다
죽을 사(死)자와 소릿값이 같다는 소이로
흉수화한 속전의 숫자다
해서 엘리베이터도 4층이 없고
APT도 4층을 기피하는 소이로 작용한다

4389번이 하필이면 짓고 남는 숫자가
사(死)와 소릿값이 같은 사다

복당살이도 사는 것이 아닌데
수인번호 또한 네 끗이라니 흉수다
재수 없으면 뒤로 넘어져도 코피 쏟는다 했던가

한가

한가함이란 뭔가
유익한 일을 하기 위한 잠정적
휴식이라고도 하고
사탄은 어떤 범죄를
일으키기 위해 한가한 사람을 찾는다고도 했데

유익한 일과 범죄를 일으키는
기회로 주어진 한가
선에 이바지하면 유익에
악에 이바지하면 범죄에 악용되는
선과 악의 온상이 한가란 이치다

유유자적으로 즐기는 안분지족이면
전자가 되고
그릇된 일에 가담하거나 연루되면
후자가 될 수 있는 한가
당신은 어느 쪽에서 땀의 한때를 벗하는가

열독이 창궐한 연옥의 계절에
그늘 벗해 땀 식혀 보면서 떠올리는

수인번호 3617
지어땡으로 풀면 136 짓고 남은 수가 럭키세븐 7
행운의 숫자 아니던가

그런가 하면 4389는 389 짓고 4
사면 소릿값 같은 것이 흉수 사(死)
둘 다 유익한 일과는 거리가 먼 사탄의 내방
내 한가에도
사탄이 찾아온 소이가 이러했구나

폭염제(暴炎帝)

염제는 머리에
폭자 왕관을 써야 제격이다
점령지를 연옥으로 만들어 놓고서야
직성이 풀리는 폭군이기 때문이다

그렇다고 항시 손에
지글지글 달군 화저만 들려 있는 것이 아니다
멀리서 폭군폭군 외쳐대도 기분이 업하면
제녀(齊女) 악단을 불러 노래를 즐길 줄도 안다

레퍼토리나 딱히 선곡이 있는 것도 아니다
네로가 로마성에 불을 질러놓고
비올라를 뜯으며 광란을 즐기든
심술이라도 도지는 날엔 질질 짜며 울 줄도 안다

임기가 끝나고 임무 교대가 돼도
제 발로 돌아간 적이 없다
폭자 돌림 폭풍이 덕석말이해 가야 노여움을 푼다
폭염과 폭풍이 동행 폭자로 노는 소이가 이러했다

매미

천지를 접수했다고 외쳐대는
매미의 덕을
문(文)·청(淸)·염(廉)·검(儉)·신(信)
오덕이라 했기에
덕다운 덕 지닌 듯싶어 악(樂)을 더해
육덕(六德)으로 격상했더니
매미도 시쳇매미 물신시대의 매미는
악(樂)을 짝을 부르는 관능의 노래로 알데

육덕(肉德)의 물신시대
물(物)이 곧 신(神)이요
신이 곧 물질인 정신퇴화의 육덕시대
황금의 신과 육신의 신
관능의 육덕과 물신의 육덕이 다르지 않음이니
시대를 외면하지 않는 충실 아니던가
아랫도리가 간지러워 외쳐대는 악악이
육덕의 노래라니 육덕과 육덕 찰떡궁합같아서

더위 먹은 헛소리

이마마다 땀을 훔쳐 뿌리며
열옥(熱獄) 더위라 해싼다
연일 열대야
얼음물을 열대야쯤 껴얹어도 시원찮을 판에
가마솥 폭염 열대야 세례면
인위지덕(忍爲之德) 허사이고
이열치열이 염병에 까마귀 소리로 들린다

수치심에 부끄러워 흘린 땀을
한출첨배(汗出沾背)라 했던가
피보다 귀한 덕목인 땀 흘릴수록 덕됨 아니던가
덕은커녕 염병앓이 못 면하는 열독
덥다란 말은 허사, 세상이 온통 화덕 속
만국여재홍로중으로도 부족하다
속대발광욕대규(束帶發狂欲大叫)
'염병앓이하다 뒈질놈의 더위'라 외치고 싶다

열옥일기 · 1

선풍기도 종일 도리질을 해대더니
끝내 열독을 뿜어댄다
'에어컨 두고 무슨 청승을 떠느냐'며
그만 좀 괴롭히라는 쪼다

딴은 그렇다
더위에 멍하니가 되어 멍 때리고 있기보다는
에어컨 바람에 열독 식히며
문명인답게 처신하면 될 것을

부달시의(不達時宜)라 했던가
완고하여 신식을 좇지 못한 구식스러움을
모르시는 말씀이다 뻰질난 신식보다
구식스러움이 더 덕스러우니 어쩌겠는가

소이야 어쨌건
멍하니로 인위지덕(忍爲之德) 삼음보다야
신식으로 사는 멋도 맛스럽지 않겠는가
헌데 진득함이 초라니보다는 점잖을 듯싶어서

열옥일기 · 2

열독은 꽃잎으로 피어났다
꽃잎마다 열병앓이를 했다
장미가 제 가시로 제 살 찔려
그 피로 꽃잎하듯
열독으로 핀 꽃은 염병앓이를 했다

열옥의 계절
돌림병 창궐로 나자빠진
지구촌은 발병지대
제녀들은 종일 레퀴엠을 불러댔고
나무들은 선 채로 목관(木棺)이 되었다

염제는 불붙은 화저로 그늘을 지져대
화상으로 성한 데가 없었고
뻐꾸기는 종일 폭군폭군 외쳐댔으나
연옥은 건고했고 날마다 떠나는
유형열차는 만원이었다

열옥살이 화형은 잔인했고
문명의 무기력은 병 중의 병이었다

냉수 열대야가 열대야의 처방전이란 걸
알기까진 오래 걸리지 않았으나
열꽃이 지기까지는 한철이 걸렸다

열옥일기 · 3

폭염은 열옥 염병앓이
폭우로 열독 씻어내보지만
열대야에 열대야를 더퍼내도
바닥을 드러내지 않는 수심 깊이에
익사한 더위들이 범람의 파고에
둥둥 떠다닌다

이름하여 고해
도강의 삿대를 염제군에 빼앗겨버린
사공은 일어선 노도의 발길질에
표류되고 표류되어
파도의 섬이 되어
고도가 된다

염제의 그물망에 건져올려진
독비늘 세운 활어 떼들은
열옥의 축제를 위해
가마솥에 볶아지고 구워지고 튀겨져
열옥의 축제 메뉴
땀으로 빚어낸 와인은 열옥의 법주다

열옥일기 · 4

연일 해독기미가 없는 열독은
흰 버큼을 뿜어내며
염병앓이로 나자빠져 있어야 했다

하늘에선 폭염 · 폭우를
재앙으로 내려보냈고, 지상에선
질세라 관세폭탄 세례로 폭망살이 중이다

덕이 퇴화해버린 인간은
혀가 둘인 사인(蛇人)으로 진화했고
달변의 헛바닥은 낼름낼름 악을 토해냈다

헛소리 · 쌍소리 · 잡소리로는 부족했는지
잠꼬대에 꿈꼬대, 꿈꼬대에 술꼬대
열꼬대까지 헛소리를 악과 함께 쏟아냈다

낮은 소리까지도 귀동냥하시던 하나님
말씀을 포기하셨는지 절규하듯
뇌성벽력의 호통으로 꾸지람을 하셨다

현실의 정치에서 배운다

너에서 아씨로
아씨에서 마돈나로
마돈나에서 마리아로
이상화의 수직상승 지향을
내적 동경이라 했던가

국모에서 영부인
영부인에서 여사
여사에서 씨
씨에서 수인(囚人)으로
수직하강 지향의 반대의 경우도

낭만주의의 동경이 그리는
내적 수직상승·하강의
두 이미지는
묵시와 악마 선과악으로 대표되는
꿈과 현실의 상충이 아니던가

상충·상반의 두 이미지의 충돌이 드러내는
양극화

우리는 지금 상반의 균형을
동경의 미학이 아닌
현실의 정치에서 배운다

고사(古事)

말 많은 세상
탓할 일 못 된 것이
속에 지닌 말 토해버려야
속이 시원해서
유식한 말로 카타르시스

'이건 비밀이야. 절대로 말하면 안 돼'
이 순간부터 입이 근질근질
점집에 가서 하고 싶은 말
다 토해버린 후의 시원함처럼
억압은 투사만이 치유의 방어기전이어서

하고 싶은 말 참고 사는 것
그것 고문이거든 해서
잠꼬대로, 꿈꼬대로 토해내고
술꼬대 더위먹은 열꼬대로도 토해내야
허니 말이 많을 수밖에

말 많은 세상 말 없이 살아가는 일
상대가 없어 사물과 나누는 말

사물이 언어자체란 걸 알면서부터
말하지 않고도 말이 되는 말
고승담경석점두가 허사 아님을 배운다

※ 고승담경석점두(高僧談經石點頭) : 양나라 고승이 돌을
모아놓고 신도리 히고 지론(至論)을 말하매 돌들이 고개
를 끄덕였다는 고사.

코리아의 비가(悲歌)

손엔 수인 수갑
발엔 노예 쇠사슬
떠올리게 하데
아프리카의 흑인 노예와
백두산 영봉의 아침과
쑥과 마늘의 단군신화를

이름 모를 노예시장에서
경매처분이 되어 끌려가는
아프리카 흑인과
쇠사슬이 끌고가는
유형의 발자국이
스크린처럼 막막에 코리언의 얼굴로 찍히데

패권이란 위력 앞에 꿇어야 하는
노예로 전락한 단군의 후예
먹물을 뒤집어쓰고
코리아를 십자가처럼 등에 업고 끌려가는
한때는 동방의 등불이었던
아침의 나라에 드리운 어둠을 떠올리게 하데

빚진 노예라 했던가
내 것 주고 뺨 맞다 했던가
어쩌다가 양키들의 터럭손에 걸려 손엔 수갑
발엔 쇠사슬을 끌어야 하는
억울한 코리아의 민낯에서
약자의 설움을 읽게 하데

한출첨배(汗出沾背)라 했던가
치욕의 부끄러움을 땀 아닌
피로 흘려야 하는
수인이 아니면서 피 묻은
수의를 입어야 하는
힘없는 설움의 굴레에 끌려가는 코리아

허사(虛辭) 아닐 듯

코리아가 무슨 닭장 우리인가
돼지 우리인가
털도 안 뜯고 날 것으로 잡수시겠다는
우리 주변을 맴도는 짐승들

800조원 요구해 놓고
마진의 90%를 챙기겠다는
사실상의 백지수표를 요구하는
날강도들

관세폭탄이 아닌
관세 패권으로 공복을 채우겠다는
야욕의 시장기에 걸신들린
거지떼들

힘이 없는 설움인가
잘못 편승한 패권에의 iPien tao인가
동물들의 가장 치열한 욕망을 식욕이라 했던가
욕망에의 충실이니 탓할 일 못 될 듯

도척들도 성(聖) 용(勇) 의(義) 지(知) 인(仁)의
오덕이 있다 안 했던가
이를 대도가 될 수 있는
덕목이라 안 했던가

거지가 도승지를 불쌍타 한다 했던가
하물며 왕자가 거지 몫을 빼앗아서야
 짐승다운 짐승, 강도다운 강도, 거지다운 거지가 없는
 거지 같은 시대, 개만도 못한 시대란 말 허사 아닐 듯

폭자시대(暴字屍臺)

머리에 폭(暴)자를 얹거나 달아야 맛이 난다
폭우·폭서·폭풍·폭정·폭력·폭탄 등
폭자돌림 항렬의 지배세력의 폭자시대
폭자에 내성이 생겨
그러려니 하고 견딤하고 타협도 하고 살지만
폭자 머리에 얹고 사는 것 치고
악마적 이미지 아닌 것이 없다

정신덕목의 퇴화와 함께 물질문명에
길들여진 물신시대 주어답게 육덕(肉德)
덕목 삼아 호강들하며 살아가고 있다
패권주의도 육덕의 욕망이 가져다준
지배야욕과 이기주의의 악이
물질숭배와 배금주의와 황금만능과 동맹 삼아
폭자돌림 시대를 이어가는 혈통이다

악마가 지배해버린 시대
천사가 존재할 수 없는 순수의 역행시대
신이라고 다르겠는가
정신덕목으로 내세울 수 있는 것은 예외없이

귀양살이 중이거나 제거된 지 오래다
남은 것은 절망이란 이름으로 존재하는
희망을 잡아먹고 사는 짐승의 폭자시대

눈 뜨고 아웅

목하 세계는
영웅 할거시대
미의 트럼프, 중의 시진핑
소의 푸틴, 하나 더하면
북의 김정은

한 손엔 핵 버튼 쥐고
또 한 손엔 패권이란 권력 쥐고
호령하는 호부우(虎負嵎)
그게 그리 부러웠던지
남녘에도 망동하는 소영웅주의자들

TK를 등에 하고
호남을 등에 하고
용산을 등에 하고 영웅 행세하는

보다 못한 국민들만
시리고 시리다 눈꼴 시려
눈 뜨고 아웅

통징시편

2025년 11월 5일 인쇄
2025년 11월 15일 발행

지은이 / 박진환
발행인 / 박진환
펴낸곳 / 조선문학사
등록번호 / 1-2733
주소 / 03730 서울 서대문구 통일로 389(홍제동)
대표전화 / 02-730-2255
팩스 / 02-723-9373
E-mail / chosunmh2@daum.net

ISBN 979-11-6354-414-2

정가 10,000원

* 인지는 저자와 합의 하에 생략
* 잘못된 책은 서점에서 교환해 드립니다.